BEI GRIN MACHT SICH IHR WISSEN BEZAHLT

AF156160

- Wir veröffentlichen Ihre Hausarbeit,
  Bachelor- und Masterarbeit

- Ihr eigenes eBook und Buch -
  weltweit in allen wichtigen Shops

- Verdienen Sie an jedem Verkauf

Jetzt bei www.GRIN.com hochladen und kostenlos publizieren

Bibliografische Information der Deutschen Nationalbibliothek:

Die Deutsche Bibliothek verzeichnet diese Publikation in der Deutschen National-
bibliografie; detaillierte bibliografische Daten sind im Internet über http://dnb.d-
nb.de/ abrufbar.

Impressum:

Copyright © 2017 GRIN Verlag
Druck und Bindung: Books on Demand GmbH, Norderstedt Germany
ISBN: 9783346149060

Dieses Buch bei GRIN:

https://www.grin.com/document/520746

Anonym

Marktanalyse und eine Marketingplanung für die Eröffnung eines EMS-Studios

GRIN Verlag

Inhaltsverzeichnis

1 Marktbeschreibung / -analyse

1.1 Allgemeine Informationen über den Unternehmenstyp

Es handelt sich bei diesem Unternehmen um ein EMS-Studio, welches sich aufgrund des hohen Netto-Beitrages im Premium-Segment ansiedelt. Besonderheit des EMS-Trainings im Vergleich zum herkömmlichen Krafttraining ist vor allem die Zeitersparnis, was auch im Hinblick auf die ausgewählt Zielgruppe von Vorteil ist (Kemmler, Birlauf, & von Stengel, 2010).

Durch eine Zielgruppe kann man Marketingmaßnahmen sehr gezielt auf den Zielmarkt zuschneiden, weshalb das Unternehmen als Hauptzielgruppe berufstätige Menschen im Alter von 30-50 Jahren ins Auge fasst, da diese Altersgruppe am Stärksten im Bezirk des Standortes vertreten ist. In der Zielgruppenbestimmung zwischen Männern und Frauen wird keine Unterscheidung gemacht, da unser Marketingkonzept beide Geschlechter ansprechen soll.

Unter einer Positionierung versteht man eine einzigartige Wahrnehmung der Kunden auf unser Produkt im Vergleich zu den Mitbewerbern (Griese & Bröring, 2011, S. S.130). Wir positionieren uns klar auf dem Markt mit dem Faktor Zeitersparnis, welches unser angestrebtes Image prägen soll. In unserem Fitnessunternehmen sollen die Kunden innerhalb von 30 Minuten ihr komplettes Trainingprogramm für eine Woche absolviert haben.

Für einen Kunden werden pro Woche je nach Trainingszustand ein bis zwei Trainingseinheiten angesetzt, da die Trainingsintensität ungefähr 20 mal höher ist, als bei herkömmlichen Krafttraining (Filipovic, Kleinöder, Dörmann, & Mester, 2012). Jedes Training wird mit einem Personal-Trainer absolviert, der mit mehreren Kunden zusammen trainiert und die Übungen vorgibt, um somit das Training zu gestalten. Es wird darauf Wert gelegt ein ausgewogenes Training zu gestalten, allerdings wird auch auf gesonderte Wünsche und Ziele der Kunden eingegangen, wie zum Beispiel Bodyforming oder Muskelaufbau. Dementsprechend kann der Trainingsplan immer wieder angepasst werden. Um uns von unseren Konkurrenten abzusetzen und unseren Kunden ein Special bieten zu können, ist eine Ernährungsberatung in unserem monatlichen Mitgliedsbeitrag enthalten. Ebenso wird zum Vertragsbeginn ein Startpaket ausgehändigt, welches spezielle EMS-Unterwäsche, eine Trinkflasche und ein Handtuch enthält. Im Folgenden werden die Produktpolitik, die Preispolitik und die Distributionspolitik genauer vorgestellt.

Tab. 1: Produkt-, Preis- und Distributionspolitik unseres Unternehmens

Produktpolitik	• EMS-Training mit einem Personal Trainer
	• EMS-Gruppentraining mit einem Personal Trainer
	• Ernährungsberatung
Preispolitik	• Startpaket: 29,90 €
	• monatlicher Netto-Beitrag: 99,- €
Distributionspolitik	• EMS-Trainingsgerät inklusive spezieller EMS-Kleidung
	• Personal-Trainer

1.2   Lage und Standort des Unternehmens

Das Unternehmen befindet sich in der Hansaallee 240 im Stadtbezirk 4 in Düsseldorf. Die Immobilie liegt im Erdgeschoss und hat eine Fläche von ungefähr 200 m². Im Stadtbezirk 4 befindet sich ebenso das Bürogebiet Seestern, welches ungefähr 10.000 Arbeitsplätze bietet. Dieses Bürogebiet liegt 500 Meter Luftlinie von unserem Standort entfernt, weshalb wir auch die oben genannte Hauptzielgruppe ausgewählt haben. Ebenso liegt das Unternehmen sehr nahe an der B7 und der A52, was eine ausgesprochen gute Zufahrtsmöglichkeit ist. Ebenso von Vorteil ist eine U-Bahn Station, die 150 Meter entfernt vom Studio liegt. Beim Eingang des Studios befinden sich genug Parkplätze, welche durch einen Antrag an die Stadt ausschließlich von unseren Kunden benutzt werden dürfen.

Die Wahl des Standortes fiel auf diesen Bezirk, da es sich hierbei um eine gute Möglichkeit handelt, mit vielen Firmen im Umkreis Firmenfitness zu betreiben. Das angrenzende Bürogebiet Seestern ist die perfekte Gelegenheit mit möglichst vielen Arbeitstätigen Kontakt aufzunehmen und sie vom EMS-Konzept zu überzeugen.

Ein weiterer Vorteil ist auch das anhaltende Wachstum der Bevölkerung, weswegen wir auch auf lange Sicht mit unserem Studio sehr große Gewinne erzielen können.

1.3   Bestimmung von zwei Marktgebieten

Unter einem Marktgebiet versteht man einen räumlich begrenzten Bereich, aus dem sich die Kunden des Unternehmens generieren (Bienert, 1996, S. 168). Man unterteilt hierbei in zwei Markgebiete, die man durch die Erreichbarkeit für den Kunden ermittelt. Hierbei wird bei Marktgebiet 1 mit der Anfahrtszeit zwischen 5 und 7 Minuten und bei Marktgebiet 2 zwischen 7 und 12 Minuten gerechnet. Diese Marktgebiete werden nun für meinen Standort mithilfe der Zeit-Distanz-Methode ermittelt. Es werden ebenso die Standorte von den zwei stärksten Mitbewerbern eingetragen.

1.4 Makroumfeldanalyse und Abschätzung des Marktpotenzials

Da die Kaufkraft einen wesentlichen Faktor zur Beurteilung eines Marktgebietes darstellt, wird diese explizit betrachtet (Pepels, 2012, S. 633). Die Kaufkraft in Düsseldorf liegt oberhalb des Bundesdurchschnittes bei einem Wert von 119,3%. Die Arbeitslosenquote in Düsseldorf lag zum 31. Dezember 2015 bei 8,1 Prozent. Im Vergleich dazu lag der Wert im gesamten Nordrhein-Westfalen bei 7,7 Prozent, sowie in Deutschland bei 6,1 Prozent (Amt für Statistik und Wahlen, 2016). Bei unserer Zielgruppenauswahl haben wir unseren Schwerpunkt bei den 30-50-Jährigen gesetzt. Der nachfolgenden Tabelle kann man entnehmen, dass diese Altersgruppe auch am häufigsten in Düsseldorf vertreten ist.

Tab. 2: Altersverteilung von Düsseldorf (Amt für Statistik und Wahlen, 2016)

Unter 6 Jahre	36 463
6 bis 17 Jahre	62 210
18 bis 29 Jahre	97 341
30 bis 49 Jahre	194 500
50 bis 64 Jahre	124 619
65 bis 79 Jahre	86 478
80 Jahre und älter	34 093

Ein wichtiger Faktor zur Standortwahl sind ebenso die Einwohnerzahlen der Marktgebiete. Folgende Tabelle zeigt diese aufgeschlüsselt nach Stadtteilen. Da das Marktgebiet auch Ortschaften außerhalb von Düsseldorf betreffen, werden diese zur Vervollständigung genannt und mit in die folgende Berechnung des Marktpotenzials einbezogen.

Tab. 3: Marktgebiet 1, aufgeschlüsselt nach Statdtteilen (Amt für Statistik und Wahlen, 2016)

Marktgebiet 1	
Stadtteil/Ortschaft	Einwohnerzahl
Lörick	7 608
Heerdt	11 028
Niederkassel	5 970
Oberkassel	18 840
Golzheim	12 702
Altstadt	2 244
Pempelfort ½	15 948
Carlstadt	2 588
Stadtmitte ½	7 504
Friedrichstadt ½	9 992
Unterbilk ½	9 526
Büderich	21 789
Summe	**125 739**

Tab. 4: Marktgebiet 2, aufgeschlüsselt nach Stadtteilen (Amt für Statistik und Wahlen, 2016)

Marktgebiet 2	
Stadtbezirk/Stadtteil/Ortschaft	Einwohnerzahl
Pempelfort ½	15 948
Derendorf	20 401
Stadtmitte ½	7 504
Düsseltal	28 141
Flingern-Nord	23 851
Flingern-Süd	10 348
Friedrichstadt ½	9 992
Unterbilk ½	9 526
Oberbilk	30 446
Hafen	130
Hamm	4 399
Volmerswerth	2 350
Flehe	2 687
Bilk	40 038
Kalkum	1 983
Kaiserswerth	8 112
Lohausen	4 188
Stockum	5 607
Lichtenbroich	6 031
Unterrath	21 746
Möresenbroich	17 407
Rath ½	10 116
Grafenberg	5 832
Lierenfeld	10 562
Wersten	27 232
Itter ¼	589
Himmelgeist ¼	508
Neuss	159.672
Kaarst	43 286
Strümp	6 085
Osterath	12 755
Summe	**547 472**
Summe gesamt	**637 211**

Im Anschluss soll nun das Marktpotenzial des Markgebietes errechnet werden. Hierbei werden die Einwohner des Marktgebietes 2 und mit dem Faktor 70 Prozent gewichtet.

547 472 * 70% = 383 230

Das Ergebnis dieser Rechnung wird nun mit den Einwohnern des Marktgebiet 1 summiert.

383 230 + 125 739 = 508 969

Um jetzt das Marktpotenzial des Marktgebietes zu errechnen, wird im letzten Schritt mit einem Marktpotenzial von 12 Prozent kalkuliert. Dieses Marktpotenzial wird nun mit der berechneten Einwohnerzahl beider Marktgebiete multipliziert.

508 969 * 12% = 61 076

Die errechneten 61 076 Einwohner entsprechen nun dem Gesamtmarktpotenzial der Marktgebiete 1 und 2.

1.5   Wettbewerbsanalyse

Im Anschluss werden die zwei stärksten Mitbewerber nach ihrer Produktpolitik und ihrer grundlegenden Positionierung beschrieben. Ebenso werden zwei zentrale Stärken und Schwächen analysiert und anschließend ein Vergleich zum eigenen Unternehmen gezogen.

Bei NeoGym handelt es sich um einen Anbieter im Premiumpreissegment. Sie bieten ausschließlich EMS-Training an. Sie positionieren sich mit dem Leitspruch „Electrify your LIFE – Das neue EMS-Training für spürbare Ergebnisse mit nur 22 Minuten Training pro Woche". Sie zielen demnach zum größten Teil auf dieselbe Zielgruppe ab, wie unser Unternehmen. Unter ihren Stärken findet man zum einen das Zeitersparnis durch das wöchentliche EMS-Training mit einer Dauer von 22 Minuten und zum anderen die Außendarstellung des Unternehmens, welches sehr professionell und modern wirkt. Zu den Schwächen von Neo-Gym zählen ihre Öffnungszeiten am Montag, Mittwoch und Freitag. Da sie von 8 bis 13 Uhr und erst wieder am Nachmittag von 15 bis 21 Uhr geöffnet haben. Eine weitere mögliche Schwäche ist die Einseitigkeit des Trainings durch stetiges EMS-Training, wodurch viele mögliche Variationen des Trainings ausfallen.

Das FitX Fitnessstudio ist eine Fitnesskette und Anbieter im Billigpreissegment, welches eine riesige Auswahl an Kraft- sowie Cardiogeräten bietet. Des Weiteren stellen sie Freihanteln, Zirkeltraining, eine Turnecke, Kurse und ein Lady-Gym für ihre Kunden zur Verfügung. Die Positionierung des Unternehmen geschieht mit dem Slogan „FIT X – FOR ALL OF US". Dem Leitspruch ist zu entnehmen, dass sie keine klar formulierte Zielgruppe haben, was zu ihren Schwächen zählt, da sie ihr Marketing nun nicht gezielt auf den Zielmarkt abstimmen können. Eine weitere Schwäche des Unternehmens ist, dass sich teilweise zu viele Geräte auf einer zu kleinen Fläche befinden, was den Trainingsfreiraum einschränkt. Als Stärken der Fitnesskette FIT X kann man zum einen die Produktvielfalt und Angebotsvielfalt für die Kunden sehen, wodurch für jedes Mitglied oder Interessenten etwas dabei ist. Zum anderen ihr Preis mit 20 Euro pro Monat, der für die Angebote des Studios sehr gering scheint.

Es bleibt festzustellen, dass bei NeoGym das Trainingskonzept und auch die Zielgruppe identisch zu unserem Unternehmen sind. Somit wird das EMS-Studio als stärkster Mitbewerber gehandelt. Unser größter Vorteil gegenüber NeoGym ist jedoch die größere

Produktvielfalt, da wir nicht nur EMS-Training anbieten, sondern auch Gruppen-EMS-Training und Ernährungsberatung. Um sich gegen diesen Mitbewerber entscheidend durchzusetzen, bedarf es ebenso einer makellosen Außendarstellung. Im Vergleich zu FitX hat unser Unternehmen vor allem in der Preis- und Produktpolitik ihre Nachteile. Allerdings sehe ich die Vorteile unseres Unternehmens vor allem in einer bestimmteren Zielgruppe, sowie einer übersichtlicheren Trainingsfläche.

2 Marketingplanung

2.1 Budgetplanung

Das Ziel der Budgetplanung ist die Festlegung eines Geldbetrages, der innerhalb einer Planungsperiode für Marketingmaßnahmen zur Verfügung steht (Bruhn, 2003, S. 187). Anhand der Methode „Marketingkosten pro Neukunde" soll nun das Jahresmarketingbudget für das erste Geschäftsjahr berechnet werden. Vorteile dieser Methode liegen vor allem im Zeitfaktor, der Schwierigkeit sowie in der Zukunftsorientiertheit. Durch die Erfahrungswerte der Unternehmensgruppe ist die Kennzahl Gewinnungskosten pro Neukunde gegeben, die für die Berechnung notwendig ist. Außerdem wird noch die zu erreichende Mitgliederzahl benötigt. Die Fluktationsquote bleibt unbeachtet, da es sich hierbei um eine Neugründung eines Unternehmens handelt.

Bei der Multiplikation der Gewinnungskosten pro Neukunde mit der zu erreichenden Mitgliederzahl ergibt sich das Marketingbudget für das erste Geschäftsjahr.

100,- €/Neukunde * 90 = 9.000,- €

In unserem Fall werden als Kosten pro Neukunde 100 Euro veranschlagt und die gewünschte Mitgliederzahl bei 90 Mitgliedern angesetzt. Nach Multiplikation der beiden Kennzahlen erhalten wir als Ergebnis unser Marketingbudget für das kommende erste Geschäftsjahr, dass bei 9.000,- € liegt.

2.2 Kommunikationspolitik

Um nun einen Kontakt zwischen unserem Unternehmen, dem Anbieter und den Kunden, also den potenziellen Abnehmern herzustellen, bedarf es einer marktgerichteten Kommunikation (Meffert, Burmann, & Kirchgeorg, 2012, S. 606). Im Folgenden wird nun eine Vermarktungskampagne für das Unternehmen geplant, welche neben der Werbung zwei weitere Instrumente der Kommunikationspolitik beinhaltet. Die gewählten Instrumente sind das Direktmarketing und der persönliche Verkauf.

Die Zielgruppe des Unternehmens sind vor allem Büroangestellte, die über E-Mail-Anschluss verfügen. Deshalb wird beim Direktmarketing explizit die internetbasierte

Werbeansprache herangezogen. Das direkte Marketing geschieht vor allem über das Versenden von E-Mails. Das Auswahlkriterium dieses Instrumentes der Kommunikationspolitik ist vor allem der geringe Kostenaufwand beim Versenden mehrerer E-Mails an verschiedene Adressaten. Ein weiterer Aspekt der für das Direktmarketing per E-Mail spricht, ist die Möglichkeit des Kunden umgehend auf die E-Mail zu antworten und somit auf direkten Wege zu interagieren (Kotler, Keller, & Bliemel, 2007, S. 984).

Ein weiteres Instrument der Kommunikationspolitik, welches bei der Vermarktungskampagne verwendet wird, ist der persönliche Verkauf. Dadurch kann man den Kunden direkt vor Ort das Produkt, das EMS-Training vorstellen und gegebenenfalls vorführen und kurze Einheiten vollziehen. Durch den direkten Kontakt zum Kunden besteht ebenso die Möglichkeit einen engeren Kontakt aufzubauen, als dies zum Beispiel durch E-Mails möglich ist.

Das Ziel der geplanten Vermarktungskampagne ist im Marktgebiet Aufmerksamkeit zu erregen und den potenziellen Kunden das EMS-Training näher zu bringen. Dies soll vor allem im Bürogebiet Seestern passieren, um dort möglichst viele Kontakte zu generieren, dass der Kundenkreis des Unternehmens stetig wächst. Um unsere Zielsetzung der Kampagne möglichst genau festzulegen, liegt der Anspruch bei mindestens 1.000 Kontakten.

Die Vermarktungskampagne beinhaltet zum einen den Erstkontakt mit den Kunden via E-Mail und zum anderen mehrere Events mit den einzelnen Firmen im Bürogebiet beziehungsweise im Marktgebiet. Es werden Unternehmen ausgewählt, die über eine möglichst große Mitarbeiteranzahl verfügen. Mit den jeweiligen Unternehmen wird ein Zeitpunkt ausgewählt, an denen unsere Trainer mit den Mitarbeitern der Betriebe das EMS-Training machen können. Dabei werden zwei Trainer mit zwei EMS-Geräten in die Betriebe geschickt, damit einer mit zwei Kunden Probetrainings machen kann und der zweite mit den Kunden vorbereiten beziehungsweise ein Abschlussgespräch führen kann. Für jedes trainierende Kundenpärchen werden 15 Minuten Training und 15 bis 20 Minuten Abschlussgespräch eingeplant. Um dieses Event möglichst interessant zu gestalten wird in jeder Firma ein 25-minütiger Vortrag über die Trainingsanpassungen durch EMS-Training gehalten, dieser enthält ebenso einen kurzen Exkurs zum Thema Ernährungsberatung, da diese ebenso ein Teil unserer Produktpolitik ist.

Die Vermarktungskampagne beginnt bereits zwei Monate beziehungsweise acht Wochen vor dem eigentlichen Marktstart. Von Montag bis Freitag werden in diesen acht Wochen pro Tag je nach Größe der Firmen zwei bis drei besucht und die oben genannten Inhalte durchgezogen. Um den Erfolg der Kampagne zu garantieren werden die E-

Mails bereits 3 Monate vor Marktstart herausgeschickt. Um die Reaktionsquote auf die gesendeten E-Mails zu erhöhen wird ein Angebot eingebaut, dass die ersten fünf Kunden, die Verträge abschließen, keine Startgebühr zahlen müssen. Die benötigten Geräte müssen für die nötigen Trainingseinheiten schon vorab geliefert werden. Um diese auch dementsprechend transportieren zu können, wird für diese Zeit ein Kleintransporter gemietet.

Der Erfolg der Kampagne ist dahingegen messbar, da wir ein klares Ziel formuliert haben. Bei Eintritt dieser Zielsetzung wurde das Ziel entweder erreicht oder verfehlt. Demnach kann der Erfolg der Kampagne klar überprüft werden.

2.3 Werbeplanung

Im Rahmen der Werbeplanung sollen im Folgenden drei Werbemittel samt Werbeträger ausgewählt werden. Als Werbebudget werden 20 Prozent des vorher berechneten Jahresmarketingbudgets herangezogen. Das Planbudget hierfür liegt demnach bei 1.800 Euro.

Um möglichst viele Menschen im Marktgebiet ansprechen zu können, wird als erstes Werbemittel eine Anzeige im Anzeigenblatt „Düsseldorfer Anzeiger" ausgewählt. In erster Linie dient uns eine Anzeige dahingegen, einen Ruf speziell in unserem Zielgebiet aufzubauen. Im Vergleich zu einer Tageszeitung handelt es sich beim Anzeigenblatt zum einen um eine geografisch gezieltere Werbemöglichkeit und zum anderen um eine kostengünstigere Variante. Dementsprechend kann bei der Gestaltung der Werbeanzeige mehr Geld investiert werden, um die Effektivität der Anzeige zu erhöhen. Um besonders die Büroangestellten des benachbarten Bürogebietes Seestern anzusprechen, wird in diesem Gebiet eine Plakatsäule gemietet. Dieses dient ebenso dazu die Bekanntheit unseres Unternehmens zu steigern. Die Plakatgestaltung spielt hierbei eine große Rolle, da es möglichst viel Interesse bei unserer Zielgruppe wecken soll. Dementsprechend wird bei diesem Werbemittel wieder mehr Geld für eine professionellere Produktion investiert. Bei den beiden genannten Werbemitteln und Werbeträgern spielt vorallem die Überschneidung des Marktgebietes des Unternehmens, sowie des Marktgebietes des Werbeträgers. Beim zuletzt genannten wird ebenso versucht durch die Positionierung der Werbung die gewünschte Zielgruppe anzusprechen. Das dritte gewählte Werbemittel ist der Werbefilm, welcher zum einen im Kino und zum anderen bei Events, wie der Marketingkampagne gezeigt wird. Hierbei wird im Vorfeld ein Kurzfilm über 30 Sekunden gedreht. Durch die Möglichkeit die Schaltung des Kurzfilms genauestens zu steuern, kann man ebenso eine Zielgruppensteuerung vornehmen.

2.4   Kostenkalkulation / Budgetvergleich bei der Werbeplanung

Eine genaue Kostenkalkulation der geplanten Werbemaßnahmen wird in der folgenden Darstellung gezeigt.

Tab. 5: Kalkulation der Werbemittel samt Werbeträger (Crossvertise, 2017)

Werbemittel	Werbeträger	Genauere Beschreibung	Kosten
Anzeige	Anzeigenblatt	120 mm Höhe/1 Spalte/2 Farben	675,60 €
Plakat	Plakatsäule	Mietkosten der Plakatsäule	777,00 €
		Plakaterstellung	291,18 €
Werbefilm	Kino	Ausstrahlungskosten in 4 Kinosälen	583,20 €
		Produktions- und Nebenkosten	730,53 €
		GESAMT	**3.057,51 €**

Die kalkulierte Summe der geplanten Werbemaßnahmen liegt um ungefähr 1.250,- Euro über dem geplanten Wert. Durch die hohen Marketingkosten pro Mitglied und die geringe zu erwartende Mitgliederanzahl nach einem Jahr liegt ein geringes Marketingbudget vor. Im Hinblick auf das zur Verfügung stehende Budget muss kostensparender in der Werbeplanung agiert werden. Durch eine EMS-Studie wurde herausgefunden, dass die wichtigste Form der Neumitgliederwerbung Mundpropaganda ist. Demnach ist eine erste mögliche Optimierungsmöglichkeit der Verzicht auf eine der drei Werbemaßnahmen. Als Beispiel wird hierbei auf die Plakatwerbung verzichtet, dadurch ergeben sich ungefähr 1000,- Euro weniger Kosten für die Werbemaßnahmen. Man investiert dafür vor allem mehr Zeit in eine gute Qualität unserer Dienstleistung und die Zufriedenheit unserer Kunden. Somit steigern wir ebenso unsere Mitgliederzahlen durch Empfehlungsmarketing (EMS-Training.de, 2017).

Eine weitere Optimierungsmöglichkeit ist mit einer höheren Planzahl des Marketingbudgets zu planen. Man gibt mehr Geld für Werbemaßnahmen aus, dadurch können auch höhere Mitgliederzahlen anvisiert werden. Ein gutes Marketing ist vor allem zum Start eines Unternehmens sehr wichtig, um sich in möglichst kurzer Zeit einen guten Ruf und ein eigens Image aufzubauen.

2.5   Synergieeffekte im Rahmen der Kommunikationspolitik

Die Unternehmensgruppe kann durch Kooperationen und durch den Aufbau einer Corporate Identity unternehmenstypübergreifende Synergieeffekte erzielen. Durch Kooperationen entstehen Vorteile für alle. Dadurch wird zum Beispiel ermöglicht den Kundenkreis zu erweitern. Unter einem Aufbau der Corporate Identity versteht man ein geschlossenes Auftreten der gesamten Unternehmensgruppe nach innen und nach außen. Hierbei wird ein eigenes Image gebildet, welches den Wiedererkennungswert der einzelnen Unternehmenstypen steigern soll. Dies kann zum einen durch einen gleichen Slogan beziehungsweise dieselben Motive geschehen und zum anderen durch gemeinsame Marketingaktivitäten, die gemeinsam geplant und durchgeführt werden (Meffert, Burmann, & Kirchgeorg, 2012, S. 246).

3   Abschlussstatement

Im Allgemeinen gehen für die Unternehmensgruppe in Düsseldorf Chancen und Risiken hervor. Ein hohes Wachstum der Bevölkerung, eine sehr gute Bevölkerungsverteilung und eine relativ hohe Kaufkraft spielen eine wichtige Rolle bei den Chancen von Düsseldorf. Ein sehr hohes Risiko ist vor allem die enorme Konkurrenz für jeden Unternehmenstyp (Statistisches Bundesamt, 2016).

Die höchste Erfolgswahrscheinlichkeit hat das Fitnessstudio im Premium-Segment. Der Vorteil des Premium-Studios ist eine sehr große Auswahl von verschiedenen Produkten. Diesem Unternehmenstyp kommt die oben genannte Chance zugute, dass Düsseldorf über eine hohe Kaufkraft verfügt. Dieses Studio kann sich sehr durch die Qualität der angebotenen Leistungen von seinen Konkurrenten unterscheiden und absetzen.

Meiner Meinung nach kann jedes Unternehmen an den gewählten Standorten eröffnen. Da zum einen jeder seine Mitbewerber hinreichend analysiert hat und ihre Stärken sowie ihre Schwächen kennen. Zum anderen hat jedes Studio die Standortwahl ordentlich bedacht und eine optimale Zielgruppe für ihren Unternehmenstyp herausgefunden.

4 Literaturverzeichnis

Amt für Statistik und Wahlen. (2016). Düsseldorf kompakt. Zugriff am 05.01.2017. Verfügbar unter https://www.duesseldorf.de/statistik-und-wahlen/statistik-und-stadtforschung/duesseldorf-in-zahlen.html.

Bienert, M. (1996). Standortmanagement. Methoden und Konzepte für Handels- und Dienstleistungsunternehmen. Wiesbaden: Gabler.

Bruhn, M. (2003). Kommunikationspolitik. (2. Aufl.). München: Vahlen.

Crossvertise. (2017). Zugriff am: 05.12.2017. Verfügbar unter https://www.crossvertise.com/.

EMS-Training.de. (2017). EMS-Studie - Die erste Endkundenbefragung. Nürnberg.

Filipovic, A., Kleinöder, H., Dörmann, U., & Mester, J. (2012). a systematic review of the effects of different electromyostimulation methods on selected strength parameters in trained and elite athletes. Journal of strength and conditioning research, S. 2600-2614.

Griese, K.-M., & Bröring, S. (2011). Marketing-Grundlagen. Eine fallstudienbasierte Einführung. Wiesbaden: Gabler.

Kemmler, W., Birlauf, A., & von Stengel, S. (2010). Einfluss von Ganzkörper-Elektromyostimulation auf das Metabolische Syndrom bei älteren Männern mit metabolischem Syndrom. Deutsche Zeitschrift für Sportmedizin, S. 117-123.

Kotler, P., Keller, K., & Bliemel, F. (2007). Marketing-Management. Strategien für wertschaffende Handeln. (12. Aufl.). München: Pearson.

Meffert, H., Burmann, C., & Kirchgeorg, M. (2012). Marketing. Grundlagen marktorientierter Unternehmensführung. Lonzepte - Instrumente - Praxisbeispiele. (11. Aufl.). Wiesbaden: Gabler.

Pepels, W. (2012). Handbuch des Marketing. (6. Aufl.). München: Oldenbourg.

Statistisches Bundesamt. (2016). Entwicklung der Einwohnerzahl in Düsseldorf (kreisfreie Stadt) von 1995 bis 2015. In Statista - Das Statistik-Portal. Zugriff am 05.01.2017. Verfügbar unter https://de.statista.com/statistik/daten/studie/322461/umfrage/entwicklung-der-gesamtbevoelkerung-in-duesseldorf/.

5 Tabellenverzeichnis